Collection dirigée par Valérie Tracqui

la marmotte

lutin des montagnes

Par
Dominique et Serge SIMON

patte à patte
MILAN

La marmotte fréquente les alpages exposés au sud, entre 1 300 et 1 500 mètres d'altitude.

Tiens, il fait bon dehors ! Si j'allais faire une petite sieste au soleil ?

Petits lutins

Enfin, c'est l'été ! La neige, qui persistait à l'ombre, est complètement fondue et le brouillard humide a quitté les sommets. Sous les chauds rayons du soleil, la pelouse alpine se colore de mille fleurs qui parfument l'air de leurs odeurs sucrées. Les abeilles et les papillons butinent les trèfles, tandis que les oiseaux chantent.

Là-bas, sur un vert pâturage, une colonie de marmottes a élu domicile. Facile à repérer avec ces mottes de terre devant chaque terrier. Pour l'instant, elles ne se font pas de soucis. L'une, toute grassouillette, se prélasse sur un rocher, une autre surveille le paysage depuis l'entrée de son trou. Celle-ci rend visite à sa voisine, celle-là cueille quelques fleurs avant de les grignoter avec délice.

Souvent le vent et la pluie les obligent à rester dans leurs abris souterrains. Mais aujourd'hui, elles en profitent : il fait beau.

Alerte ! Qui va là ?

Soudain, plusieurs coups de sifflet stridents, longs et répétés, déchirent le silence.
Qui lance ces cris furieux dont l'écho s'entend au loin dans les éboulis rocheux ?
C'est une des marmottes, dressée sur ses pattes de derrière. Elle a vu quelque chose d'anormal : un groupe de promeneurs, en contrebas du sentier. Aussitôt alertées, d'autres marmottes prennent la relève : un peu partout, des sifflements retentissent dans le vallon.
Ces sons suraigus sont en fait de véritables « cris » provenant du fond de la gorge de l'animal ; ils sont émis la bouche ouverte. En même temps, le corps de la marmotte est secoué par une sorte de spasme.
Ce cri-là signifie une légère inquiétude et surtout beaucoup de curiosité. Inutile de s'affoler ! Le danger n'est pas trop grand et les marmottes le savent : elles auront le temps de plonger dans leurs terriers si les hommes se rapprochent d'elles.

Rien à l'horizon ? C'est sûr ? Bon alors, je peux sortir !

Dans les parcs nationaux, où elle est protégée, la marmotte est peu farouche.

Aucune marmotte n'est vraiment sentinelle. C'est l'animal le mieux placé qui signale le danger aux autres.

Pataude, la marmotte préfère ne pas trop s'éloigner de l'entrée de son terrier, même si elle peut se réfugier dans les nombreux trous de fuite.

Lassé par les cris stridents des marmottes, le renard fuit... mais il reviendra.

Grâce à ses yeux très écartés et à la composition particulière de sa rétine, la marmotte peut voir loin et partout à la fois.

L'aigle royal est l'ennemi numéro un de la marmotte, surtout à l'époque où il doit nourrir ses petits.

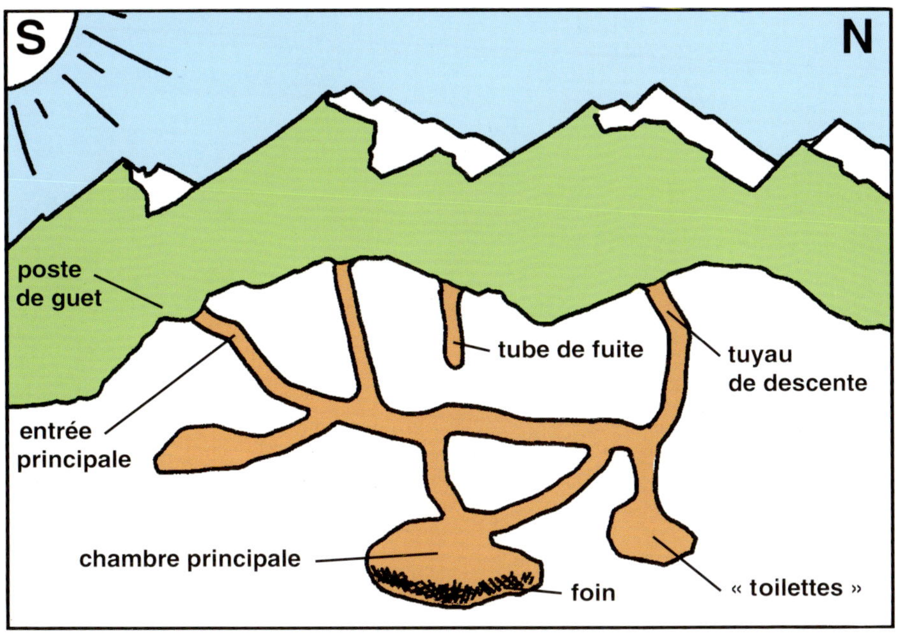

SCHÉMA DU TERRIER D'ÉTÉ
Le terrier d'été est un véritable labyrinthe.

Attention, danger !

Une ombre au loin... c'est la panique. Un seul sifflet, aigu et bref retentit cette fois-ci dans la montagne. Aussitôt, les marmottes galopent en se dandinant à toute vitesse sur leurs courtes pattes. Ouf !
Les voilà à l'abri dans le premier terrier venu.
Seul un jeune imprudent se risque le nez dehors. L'aigle royal a surgi en rase-mottes de derrière la crête. Brusquement, il pique vers le sol, les ailes repliées et les serres tendues en avant. Vite, le marmotton se précipite dans un trou.
Quelle peur ! Déjà hier, un renard, posté à l'affût derrière le rocher, l'attendait, prêt à bondir...
Heureusement, l'intrépide est passé par une autre sortie. Mais il s'en est fallu de peu qu'il soit croqué cette fois-là.
Pour le moment, il vaut mieux rester à l'abri. Le terrier d'été de la colonie est un réseau de galeries menant à une chambre ou deux, creusées à moins d'un mètre sous terre. Il y a de la place pour tout le monde.

La vie en colonie

Le calme est revenu. Profitons-en pour rendre visite aux familles voisines. Les dames marmottes se flairent le museau en hochant la queue... Tiens, une cousine ! Elles s'embrassent.

Très sociables, les marmottes cohabitent avec bonne humeur. En dehors de la période de reproduction, elles élargissent leur cercle familial à une petite colonie dont l'emploi du temps est réglé comme une horloge : première sortie à l'aube après de nombreuses hésitations, puis petit déjeuner soigné ; vers 10 heures, sieste au soleil pour toute la famille, entrecoupée de promenades et de jeux. À midi, retour au terrier pour un petit repos collectif au frais ; nouvelle sortie vers 15 heures, avec un deuxième repas et de nombreuses visites entre les terriers. C'est le meilleur moment pour les jeux, les folles poursuites et les luttes amicales ; puis tout le monde rentre se coucher, une heure avant la nuit. Quelle journée bien remplie !

Des glandes odorantes, situées en avant des joues, permettent aux marmottes d'une même colonie de se reconnaître.

Qui suis-je ?

Je suis un des plus gros rongeurs, après le castor. Quand je surveille le paysage, ma silhouette dodue et mes sifflements animent le rude décor des montagnes et tout le monde me trouve bien sympathique.

Je mesure la moitié d'un mètre et je peux peser jusqu'à 7 kilos à l'automne, quand je suis bien grassouillette. Pour couper et déterrer les plantes dont je me gave, je suis remarquablement bien équipée : mes incisives plates et tranchantes en haut et en bas s'ajustent parfaitement. En frottant l'une contre l'autre, elles s'usent, mais comme elles poussent sans arrêt, pas de problème !

Ma principale passion, c'est creuser. Facile avec mes pattes musclées équipées de longues griffes puissantes. D'ailleurs, tout mon corps est fait pour vivre sous terre : je suis toute ronde et souple, avec des membres courts ; rien ne dépasse, à peine mes petites oreilles.

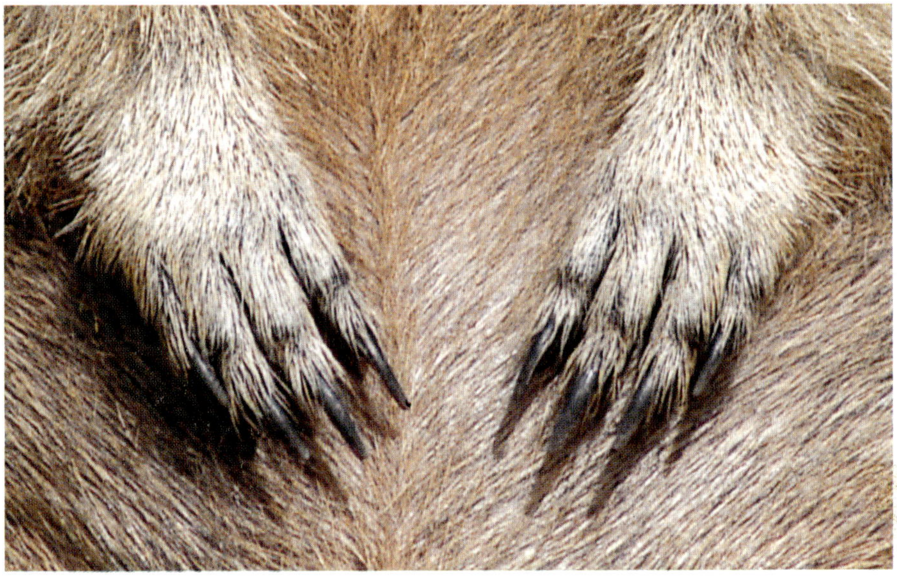

J'ai cinq doigts de pied mais quatre aux mains, car je n'ai pas de pouce.

Ma fourrure a des reflets changeants : roux, bruns, gris ou beiges ; mais ma longue queue touffue a toujours l'extrémité noire.

J'entends très bien, je sens les plus fines odeurs et je vois loin. Qui fait mieux ?

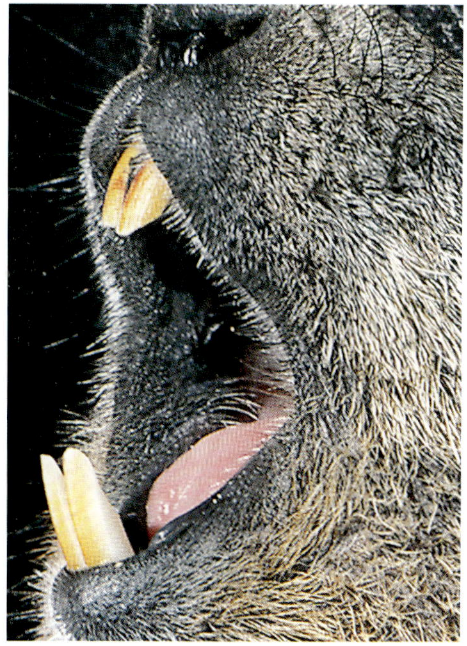

Avec l'âge, mes dents jaunissent jusqu'à devenir orangées.

Quand je creuse, je rejette la terre sous mon ventre avec mes pattes avant, avant de la pousser à l'extérieur. Pour me repérer dans l'obscurité, j'ai plein de poils très sensibles sur la face, des vibrisses, qui me servent d'antennes. Heureusement, car je n'y vois rien dans le terrier !

Côté caractère, je suis prudente, curieuse et surtout très gourmande. Sans doute parce que je dors beaucoup, je peux vivre jusqu'à l'âge de vingt ans, ce qui semble rare pour un animal de ma taille. Il faut dire que ma vie est tranquille...

La paume très sensible de ses mains lui permet de saisir la moindre tige fine.

Trèfle des Alpes, sainfoin, lotier corniculé, carotte sauvage... sont les fleurs préférées de la marmotte.

Des réserves de graisse

Quand les pâturages se couvrent de fleurs, la marmotte choisit celles qu'elle préfère. Assise sur son arrière-train, elle saisit délicatement la plante avec ses petites mains habiles ; puis elle la porte à sa bouche, laissant parfois les feuilles et les tiges, si elle n'a pas très faim.
Fruits, baies et racines font aussi partie de son menu. Par contre, elle ne boit pas ; l'eau contenue dans les végétaux, la rosée matinale et la neige au printemps lui suffisent à se désaltérer.
Bien qu'herbivore, elle complète parfois son régime avec quelques vers, sauterelles et larves d'insectes, s'ils se trouvent sur son chemin.

Tout est bon à croquer pour faire des réserves de graisse avant le long sommeil hivernal. Pendant la belle saison, la marmotte ne pense en effet qu'à manger, car en six mois, elle doit doubler de volume. Elle ressemble maintenant à un gros coussin !

Un lit douillet

Septembre... les jours diminuent et les nuits sont plus froides. Les marmottes, toutes dodues, s'affairent. Elles entrent dans les terriers avec de grandes touffes d'herbe dans la gueule, comme d'énormes moustaches. Font-elles des provisions de nourriture pour l'hiver ? Pas du tout, elles préparent leur lit.

Le foin récolté est entassé au fond du terrier d'hiver, qu'elles viennent d'aménager : profond, il comporte une seule galerie avec un dortoir collectif et un petit cabinet.

Premières gelées nocturnes. Il fait 12 degrés dans le terrier, c'est le signal : les marmottes vont se coucher. Après avoir soigneusement fermé l'entrée du terrier avec un long bouchon de terre, toute la famille s'installe dans le nid bien rembourré. Leur fourrure douce et soyeuse s'est épaissie après la mue, poils de jarre et poils de bourres leur assurent un manteau bien chaud.

Quel travail de ramasser jusqu'à 12 kilos de foin ! Il faut d'abord couper l'herbe, puis la rentrer.

Ceux qui n'hibernent pas, comme le bouquetin, vont descendre dans la vallée où la neige est moins profonde.

Comme un chat, la marmotte soigne son épaisse fourrure par quelques toilettes.

Quand il fait moins de 3 °C sous terre, la marmotte doit se réveiller et bouger pour se réchauffer et ne pas mourir de froid.

Affaiblie au réveil et encore tout engourdie, dame marmotte se déplace difficilement dans la neige. Attention à l'aigle et aux avalanches...

Dormir pour survivre

La marmotte s'endort ainsi pour six mois. Pour ne pas brûler trop vite ses réserves de graisse, elle vit au ralenti : la température de son corps baisse, son cœur bat très lentement, elle s'arrête presque de respirer. Froide et inerte, elle paraît morte ; en fait, elle hiberne. C'est une solution confortable car les autres animaux, comme le chamois, doivent affronter les tempêtes de neige, le froid et la faim... Toutes les trois ou quatre semaines, les marmottes se réveillent un moment pour faire leurs besoins dans la chambre voisine ; puis elles se rendorment.

Au début du mois d'avril, la marmotte se réveille, même si la montagne est encore ensevelie sous la neige. Ses réserves sont presque épuisées et il n'y a pas encore un brin d'herbe à grignoter. Tant pis ! Elle nettoie son logis en le vidant de tous les déchets et s'adapte en douceur à la vie en plein air.

Se battre pour rire

Quinze jours à peine après la sortie des terriers, commence la saison des amours. C'est le moment des folles poursuites et des parties de bras de fer. Dressées sur leurs pattes de derrière, deux marmottes s'empoignent aux épaules et se poussent pour se faire tomber, comme au judo ! Puis elles perdent l'équilibre et roulent ensemble dans la pente.

En passant toujours au même endroit, les marmottes de chaque colonie repèrent les sentiers de leur territoire.

Quand deux mâles mesurent leur force, très vite, le plus faible abandonne la bagarre.

Très excitées, les marmottes jouent, puis frottent des pierres avec les glandes de leurs joues.

Après la parade amoureuse, les deux partenaires s'accouplent, souvent au fond du terrier d'hiver.

Jeu ou combat ? Difficile à dire, car rien ne différencie à première vue un mâle d'une femelle.
Après s'être longtemps reniflées, deux autres marmottes se dressent face à face en renversant la tête en arrière et en cambrant le dos ; tout leur corps est secoué d'un tremblement : c'est une parade amoureuse.
Si les deux adversaires cherchent à se mordre et poussent des cris stridents, le duel est plus sérieux : ce sont deux mâles qui s'affrontent pour défendre leur territoire ou pour s'approprier une femelle.

Deux ans en famille

Cinq semaines plus tard, vers la fin du mois de mai, la femelle met au monde trois à quatre petits au fond de son terrier d'été.
Roses, tout nus et aveugles, les marmottons ressemblent à des petites souris : ils ne pèsent que 30 grammes. Mais à force de téter les dix mamelles de leur mère, ils grossissent vite.

Début juillet, ils sortent timidement leur museau hors du terrier familial, puis très vite s'enhardissent. Ils ont un mois et pèsent dix fois plus qu'à leur naissance. Tout en tétant encore, ils commencent à goûter l'herbe et explorent les alentours sous l'œil attentif de leur mère.

Câlins, roulades, jeux avec leurs aînés, la vie est belle pour les marmottons. Ils n'ont pas de soucis à se faire : ils passeront encore deux hivers dans le terrier familial, avant de fonder à leur tour une nouvelle famille...
Longue vie à toi, petite marmotte.

À l'âge de deux mois, le marmotton sait déjà siffler.

Pour user leurs ongles qui poussent sans arrêt, les marmottons s'amusent à creuser.

Les grands frères et sœurs, nés l'année précédente, participent à l'éducation des jeunes.

Les femelles n'ont pas obligatoirement des petits chaque année. Elles sont alternativement mères dans un groupe.

Un avenir meilleur

Autrefois chassée en grand nombre, la marmotte a été réintroduite dans les nombreuses régions d'où elle avait disparu. Aujourd'hui, elle est protégée dans les parcs nationaux et régionaux ; elle y fait la joie des randonneurs.

Quel travail !
Pour atteindre la chambre où dorment les marmottes, à 3 mètres de profondeur, il faudra creuser une tranchée de 12 mètres de long.

Déterrée et piégée

L'homme capturait autrefois les marmottes en les déterrant l'hiver dans leur terrier, ou en les piégeant à la sortie de leur abri. Il faisait des manteaux et des couvertures avec leur fourrure ; la chair de marmotte améliorait la nourriture des montagnards.
Mais c'est surtout leur graisse qui avait de multiples utilisations : c'était, pensait-on, une pommade miracle contre les rhumatismes, et elle faisait merveille pour cirer les meubles et les chaussures.
Aujourd'hui encore la chasse à la marmotte est autorisée quelques jours par an, mais le déterrage et le piégeage sont interdits.

Près des villages

La marmotte s'apprivoise facilement. Autrefois, les petits ramoneurs savoyards en avaient souvent une pour mascotte, qu'ils exhibaient dans les villes, en échange de quelques sous.
Là où elle est protégée, dame marmotte devient si familière qu'elle creuse ses terriers sous les chalets de montagne. Dormir à la cave, n'est-ce pas plus confortable ?

Dame marmotte en vedette

C'était en 1984. Électricité de France termine la construction de son deuxième barrage à Grand'Maison dans l'Isère. À l'automne, l'eau commence à monter. Que vont devenir les nombreuses marmottes qui vivent sur les pentes inondables ?
Elles risquent fort de mourir noyées pendant leur sommeil hivernal. Alertés, le parc national des Écrins et la Fédération Rhône-Alpes de protection de la nature en Isère organisent leur sauvetage. Près de deux cents personnes munies de pelles et de pioches vont déterrer les marmottes endormies. Celles-ci passeront l'hiver, roulées en boule dans la paille d'une cave, cachées sous un faux plancher.

Un garde du parc national des Écrins lâche ici une marmotte dans le massif de la Chartreuse.

Cette marmotte a creusé son terrier juste sous un chalet. Il y fait sûrement moins froid.

Opération : réintroduction

Fin mai, un mois après leur réveil, les marmottes vedettes sont transportées à dos d'homme au cirque de Saint-Même, en Chartreuse, où elles sont absentes. Là, elles retrouvent la liberté, sur un site nouveau mais favorable à leur installation. C'est une opération de réintroduction bien réussie !

Les caisses contenant chacune une marmotte sont fixées sur des claies de portage. Et l'ascension commence : une heure et demie de montée !

Cousine des écureuils

La marmotte appartient à la famille des sciuromorphes, c'est-à-dire des rongeurs à forme d'écureuil.
Elle a pour cousin l'écureuil de chez nous qui grimpe aux arbres, mais aussi le chien de prairie et les écureuils terrestres qui vivent eux aussi dans des terriers.
Il existe 14 espèces de marmottes, habitant toutes dans les régions froides de l'hémisphère nord. Elles se ressemblent beaucoup et ont sans doute la même origine. Seule diffère la couleur de leur pelage.

▲ La *marmotte à ventre jaune* vit sur le continent américain. Son pelage est teinté de différentes couleurs. Le mâle a deux ou trois femelles pour lui tout seul et défend sérieusement son territoire familial. Elle est beaucoup moins sociable que la marmotte des Alpes !

◀ L'*écureuil gris* est plus grand et plus fort que notre écureuil roux et il n'a pas de pinceaux aux oreilles. Comme lui, il est très agile dans les arbres. Originaire des forêts d'Amérique du Nord, il a été introduit à la fin du siècle dernier en Angleterre. Il s'y est rapidement multiplié, au point de menacer de disparition son frère, l'écureuil roux.

◀ Le *souslik* ou *spermophile* habite les steppes du Nouveau et de l'Ancien Monde : de l'Allemagne à la Mongolie et du Canada au Mexique du nord.
Il en existe 21 espèces. Ce sont des animaux terrestres, beaucoup plus fins et plus petits qu'un écureuil. Comme la marmotte, ils vivent dans des terriers où certains d'entre eux font des réserves de nourriture. Selon les régions, les uns hibernent, les autres estivent ; quelques-uns ne connaissent pas de sommeil prolongé.

Le *chien de prairie* ▶ ne siffle pas comme la marmotte. Il aboie comme un vrai chien pour avertir son clan.
Il vit en colonies géantes et construit de véritables villes souterraines, dans les prairies d'Amérique du Nord. Autrefois très nombreux, ils ont été beaucoup chassés par les agriculteurs.

Index

Crédit photographique : D. et S. SIMON, sauf :
P. ET V. TRACQUI : p. 28 (h).
Agence COLIBRI : A. CRISTOF : p. 16-17 (fond), C. ROLLAND : p. 25 (bg et bd) ;
J. NEGRO - P. CRETU : p. 11 (h), p. 25 (h).

300 rue Léon-Joulin, 31101 Toulouse Cedex 1

Loi 49.956 du 16.07.1949

Dépôt légal : 2e trimestre 2001
ISBN : 2.86726.951.2